Ольга Холодова

ТРИ ВЕСЁЛЫХ ДРУГА

Ольга Холодова

Три весёлых друга

Забавные приключения трёх друзей Лёни, Вадима и Дениса вызовут улыбку и поднимут настроение при прочтении книги. Все персонажи вымышлены.

6+

Оглавление

Эксперимент

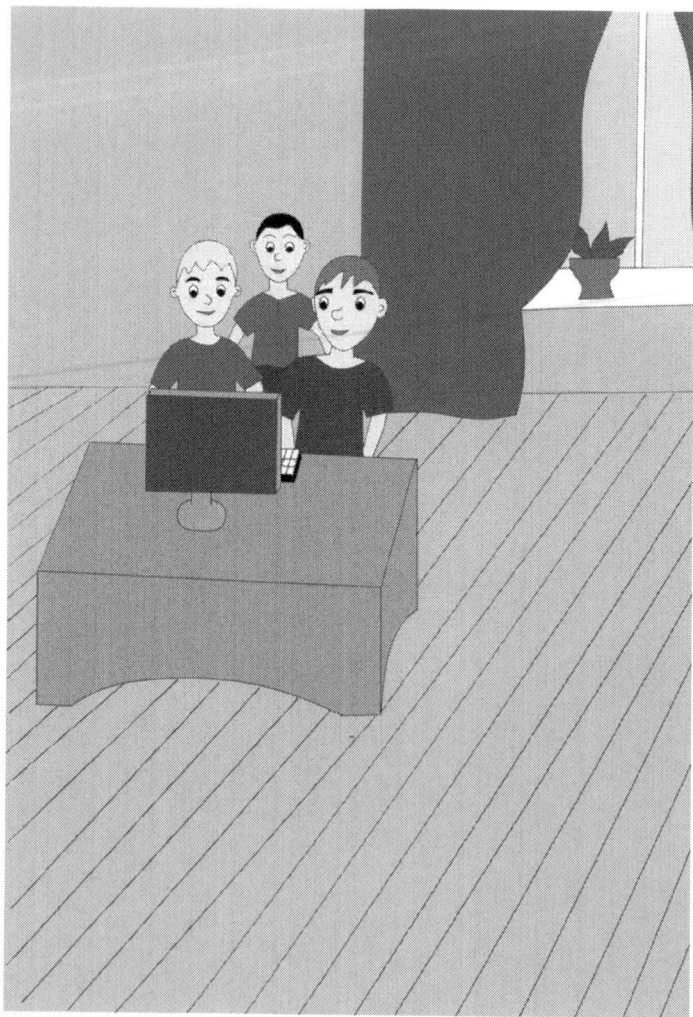

В деревушке не большой
Знают все друг друга
Дружат в ней между собой
Три весёлых друга.

Леонид, Денис и Вадик
Уж давно не ходят в садик
Класс закончили второй
Им бы бегать с детворой,

Но у них свои проблемы
Строят целые дилеммы.
Лёня, Вадик и Денис
Разводить решили крыс.

Прочитали в Интернете,
Что у крыс есть интеллект
И решили на рассвете
Провести эксперимент.

Мелочь в горсть одну собрали
Пришли в Зоомагазин,
На прилавке весь в печали,
Лишь хомяк сидел один.

Парни унывать не стали
К Лёниной пошли сестре.
Они знали, не гадали,
Что у Сони на столе

В клетке крыска Фиса спит
Носом водит и сопит
И сестрёнка брату Лёне
Её точно одолжит.

Крыску Сонину забрали
И к Дениске побежали.

Вечерело и мальчишки
Начали эксперимент.
Не нужны им были книжки
И не нужен инструмент.

В миску бросили печенья
Сами стали наблюдать
За какое сможет время
Фиска им его достать.

Фиса села, потянулась,
Посмотрела на ребят,
Тот час, со стола метнулась
К коробу, где кошки спят.

— Эй, держи её Дениска, —
Первым Лёня закричал.
Не успела скрыться Фиска
Вадик кепкою поймал.

Вечер быстро наступил
И Вадюшка предложил
Фиску до утра оставить
В коробе под стол поставить.

Так и сделали ребята,
А потом пошли домой.
В огороде пахла мята,
Ветер шелестел травой.

Лёня в дом вошёл тихонько
Видит, Соня ищет крыску.
На кровать присел легонько,
Не спросив, забрал он Фиску.

Соня взор свой подняла,
Лёня вмиг засуетился
И девчушка поняла,
Что за казус приключился.

Попросил прощенья Лёня.
— Хорошо, — сказала Соня. —
Завтра вместе мы пойдём
Фису нашу заберём!

Утро сквозь окно сучится,
Солнце давит на глаза,
Облако по небу мчится,
Во дворе кричит коза.

Просыпайся, — крикнул Лёня.-
Нам пора уже идти.
— Ладно, — протянула Соня.-
Нужно платье мне найти.

Забежали в дом к Дениске,
В комнату его вошли,
Но в коробке крысы Фиски
Ребятишки не нашли.

Фиса ночь не просидела,
Выгрызла в коробке дверь.
— Может кошка Фиску съела?
Где искать её теперь? —

Соня громко зарыдала
Стала топать и кричать.
Чтобы избежать скандала
Стали Фиску все искать.

Комнаты все осмотрели
Крыски Фиски нет нигде
Парни сразу погрустнели,
Стало им не по себе.

Из-за них пропала Фиска,
Сонина подружка крыска.
Как ребятам поступить,

Как прощенья попросить.

Деня, Лёня и Вадим
Дружно вместе порешали,
Что хомяк необходим
Он развеет все печали.

Но случилось все иначе,
Хомячок не нужен Соне
Извелась малышка в плаче
Не простит проступок Лёне.

День прошёл, второй и третий,
Ночь сменила день четвёртый
Весело шёл дождик летний
Мир вокруг казался мокрый.

Соня вышла на крылечко
Посмотрела в темноту,
Выпало из рук колечко
И упало на плиту.

За кольцом она нагнулась
И увидела следы
Соня мило улыбнулась
Стало ей не до беды.

Соня по следам пошла
Фиску у печи нашла.

Стала крыску обнимать
Веселится и плясать.

Выдержала крыска Фиска
Каверзный эксперимент
Лёня, Вадик и Дениска
Были рады в тот момент.

Паучище

Летом небо пылью дышит
Солнце тело опаляет
Вечерами каждый слышит
Как сверчок в траве играет.

Лето знойное проходит
Осень школьная манит
Вадик погулять не ходит
Что-то дома мастерит.

Лёня встретился с Дениской
Поманил его запиской
Нужный инструмент нашли
К Вадику домой пошли.

Вадик рассказал мальчишкам
Свою новую идею

Он по старым умным книжкам
Воплотить решил затею.

Паука хотел поймать
И в коробку положить,
С ним по улице гулять
Постепенно откормить.

После Вадик показал
Как коробку вырезал.
Крышку вместе смастерили
На коробку положили.

Сохнет крышка, а пока
Изловили паука.

Чёрный паучок сидит
В своём новом домике
Лапками не шевелит
— Ну, вы парни комики, —

Папа Вади усмехнулся
И газету стал читать.
Лёня Дени улыбнулся,
А Вадимка стал мечтать:

«Как паук гигантом станет
И увидят все тогда,
Что когда затея манит

Здравомыслию беда».

Месяц паука растили,
А паук в одной поре.
С ним по улице ходили
И кормили на заре.

Яйца с молоком взбивали
И поили паука.
Мух частенько добывали.
Ох, задача не легка

У Вадима оказалась,
Но ребята все же ждут,
Что немножечко осталось
Даром силы не пройдут.

Времени прошло немного
Был обычный летний день.
Посмотрел Вадюша строго
На свою большую тень.

В жизнь не воплотил идею
Паучишку откормить
Эту странную затею
Хочет новой заменить.

Пригласил друзей домой,
Что бы сильно не грустить.

Выбор сделали простой —
Паучишку отпустить.

Подошли они к коробке
И открыли крышку.
Вылетели словно пробки
С комнаты в припрыжку.

Лапы чёрные трясутся,
Парни из дому несутся.
Вырастили паука
До размера бурундука.

Закричали, завизжали
За подмогой побежали.
Папе Вадик рассказал,
Что паук огромным стал.

Папа в это не поверил
С сыном в комнату пошёл

Швабру Вадику доверил
В комнату один вошёл.

— Деня, Лёня и Вадим
В комнату войдите,
Ваш паук не победим
На меня смотрите, —

Папа мальчиков позвал,
А потом им рассказал,
Что над ними подшутил
Паука им подменил.

Ребятишки рассмеялись
Оценили шутку папы.
Они вместе дружно взялись
За резиновые лапы

Великана паука.
Весело их покрутили,
Мех потрогали слегка
И из дома поспешили.

Деня, Лёня и Вадим
Три весёлых друга
Их азарт не победим
Пожурить друг друга.

Новые утехи ждут,

Когда парни их найдут!

Находка

Любит солнце спать за лесом,
Прятаться за тучки,
А у дома за навесом
Выросли колючки.

И собачки, и репей
Вот оружие друзей.
В новую игру играют
Снайперов изображают.

В голову репей попал
Лёня на траву упал.
Тихо он в траве лежит
И Вадима сторожит.

Все, игре пришёл конец
Денис сегодня, удалец.
Всех репьём он подстрелил
И конечно победил.

Лопухами наградили
И за школу поспешили.
Их давно Илюха ждал

Он на поле мяч пинал.

— Посмотрите это он
Наш любимый стадион, —
Вадик громко прокричал
За друзьями побежал.

Поздоровались друзья:
Лёня, Ден, Вадим, Илья.
По воротам разбрелись
И в футбол играть взялись.

Вадик по полю несётся
Лёня в воротах трясётся.
Бах, удар и мяч летит,
Только гол-то не забит.

Мяч летит мимо ворот
Попадает под скамью.
Ден ворчит, скривив свой рот,
Лёня смотрит на Илью.

Вадик за мячом пошёл.
Подошёл к скамье, нагнулся,
Сумку чёрную нашёл.
Вмиг к нему Илья метнулся.

— Эта сумочка моя, —
Громко произнёс Илюха.

— Нет, Илюша не твоя, —
Грозно произнёс Вадюха.

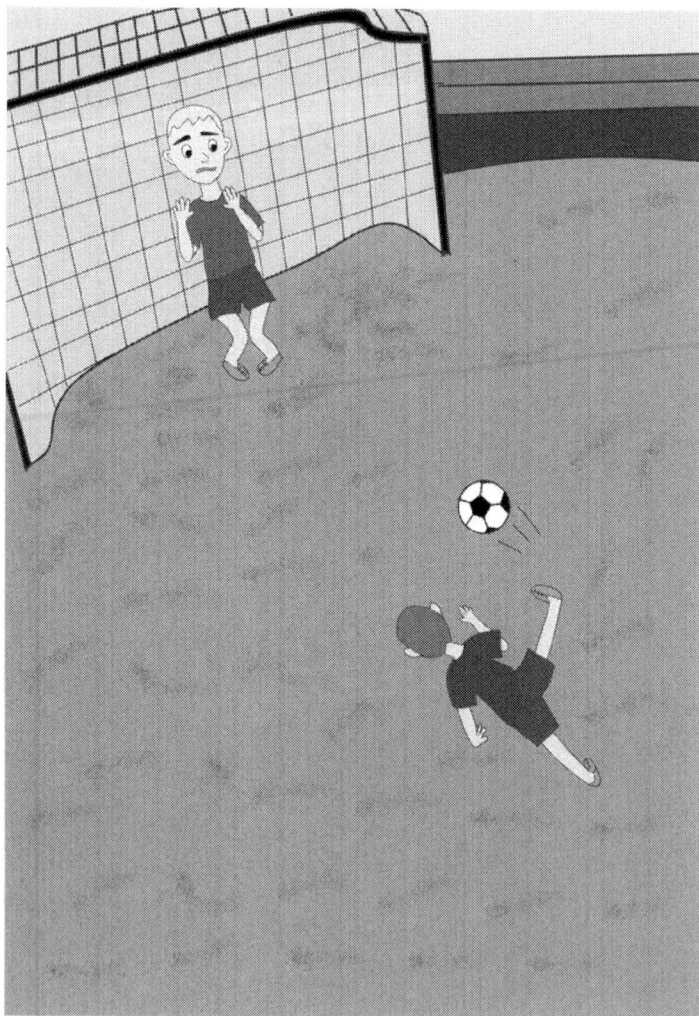

В сумке телефон лежит,
Связка из пяти ключей.
Кто-то ими дорожит.
— Я сейчас узнаю чей

Этот классный телефон, —
Лёня Вадику сказал
И по связи мегафон
В списке «мама» он набрал.

Песня в трубке заиграла
Лёня Ваде трубку дал
Женщина: Алло, — сказала.
Вадик в красках описал

Свою странную находку
И спросил куда отдать.
Женщина дала наводку
Попросила подождать.

Пожурила, тётя Тома,
Наградила малышей
И отправилась до дома
С сумкой полною вещей.

Ребятишки очень рады:
Получили сто рублей.
Нет прекраснее награды

Нужно тратить их скорей.

— Эта денежка моя, —
Громче всех кричит Илья. —
Сто на всех не поделить
Предлагаю положить
Мне в копилку сто рублей
В ней они будут целей.

— Ну, ты и хитёр Илюха, —
Нервно произнёс Вадюха, —
Чтоб друзей не обмануть
Нужно денежку вернуть.

К тете Томе прибежали
И отдали сто рублей.
Губы у Ильи дрожали
От Вадюшиных затей.

Тётя Тома удивилась,
В дом обратно удалилась,
Фруктов мило предложила
И в пакет их уложила.

Все довольными остались
Гордо спины выгибались.
Каждый из парней был крут
Получил в награду фрукт!!!

Награда

Наши юные друзья:

Вадик, Лёня и Илья
День прекрасно встретили,
На столбе приметили

Объявление большое
С фотографией котёнка
Было в ней что-то живое:
Взгляд кота, как у ребёнка.

— Котика искать нам нужно, —
Скромно предложил Илья.
И отправились все дружно
За находкою друзья.

В парке по траве высокой
Медленно мальчишки шли.
Подошли к реке глубокой,
Но котёнка не нашли.

Вдруг, кусты зашевелились
Показался серый хвост,
А мальчишки удивились
Серый кот ни так уж прост.

Отзываться не желает
Он на имя в объявленье.
— Может он не понимает
Наше ярое стремленье

Отнести его домой, —
Лёня тихо произнёс.
— Нет, наверно он глухой,
Вот ответ на твой вопрос, —

Вадик Лёне отвечал,
А Илюша изловчился,
Серого кота поймал
И тихонько удалился.

— Где Илья и серый кот? —
Лёня Вадика спросил.
Вадик приоткрыл свой рот:
— Побежали, что есть сил, —

Вдруг, скомандовал Вадим.
Лёня кепку натянул
И отправился за ним,
Чтоб Илья не увильнул.

Прибежали к объявленью
Смотрят, как Илья ворчит,
За его длиннющей тенью
Серый хвост кота торчит.

Посмотрели в объявленье
Вадик с Лёней и потом,
Поняли Ильи стремленье
Убежать от них с котом.

В объявленье есть награда
Про неё Илюха знал,
На ребят нашла досада,
Что он им не рассказал.

— Ладно, Лёня, не грусти,
Пусть и обманул Илья,
Ты обиду отпусти
Мы же всё-таки друзья, —

Вадик Лёне дал совет
И услышал, как в ответ
Лёня громко усмехнулся,
На Илюху оглянулся.

А Илюша все бормочет:
— Кот домой идти не хочет…
— Здесь история проста
Ни того поймал кота! —

Лёня весело сказал
И на фото показал.
Весело все рассмеялись,
А потом домой собрались.

Вечереет, солнце злится,
Что пора ложиться спать.
За окном комар стучится,

Буд-то хочет, что-то дать.

Удальцы ложатся спать,
Что бы завтра раньше встать.
Новые затеи ждут,
Когда парни их найдут.

Printed in Great Britain
by Amazon